ANALIZA KSIĄŻKI

AF156564

Piękna i Bestia
· · · · · · · · · · · · · · · · ·

Madame Leprince de Beaumont

ANALIZA KSIĄŻKI

Napisany przez Margot Pépin
Przetłumaczony przez Kâmil Kowalski

Piękna i Bestia

· ·

Madame Leprince de Beaumont

JEANNE-MARIE LEPRINCE DE BEAUMONT

NAUCZYCIELKA JĘZYKA FRANCUSKIEGO, DZIENNIKARKA I PISARKA

- **Urodziła się w Rouen (północno-zachodnia Francja) w 1711 r.**

- **Zmarła w Chavanod (Savoy, obecna Francja) w 1780 roku.**

- **Godne uwagi prace:**

  - *Le Nouveau Magasin des enfants* ("Nowy sklep dla dzieci", 1750), zbiór opowiadań

  - *Le Magasin des enfants* ("Sklep dziecięcy", 1756), zbiór opowiadań

  - *Contes moraux* ("Opowieści moralne", 1774), zbiór opowiadań

Jeanne-Marie Leprince de Beaumont kształciła się na nauczycielkę i początkowo pracowała we Francji, a następnie przeniosła się do Anglii, gdzie pracowała jako guwernantka dla dzieci z rodzin arystokratycznych.

Uczyła swoich uczniów francuskiego, czytając im bajki, ponieważ to zapewniało im rozrywkę podczas nauki.

Pierwszy zbiór opowiadań, *Le Nouveau Magasin des enfants* ("Nowy sklep dla dzieci"), opublikowała w 1750 roku. Sześć lat później wydała drugi zbiór, *Le Magasin des enfants ("Sklep dziecięcy"*), który odniósł wielki sukces. Po tych dwóch dziełach powstały liczne inne, często o charakterze edukacyjnym.

PIĘKNA I BESTIA

PONADCZASOWA BAJKA

- **Gatunek:** bajka

- **Wydanie referencyjne:** Leprince de Beaumont, J-M. (2014) *Piękna i Bestia*. [Online]. Urbana: Project Gutenberg. [Dostęp 15 maja 2018]. Dostępny w: <http://www.gutenberg.org/files/7074/7074-h/7074-h.htm>.

- **Pierwsze wydanie:** 1757

- **Tematy:** miłość, odmienność, przemiana, brzydota, pozory

Chociaż *Piękna i Bestia* znajduje się w zbiorze opowiadań Leprince de Beaumont *Le Magasin des enfants*, nie wymyśliła ona tej historii sama. Wcześniejsza wersja została opublikowana przez francuską pisarkę Gabrielle-Suzanne Barbot de Villeneuve (1685-1755) w 1740 roku, a historia *Kupidyna i Psyche,* która pochodzi ze starożytności i pojawiła się w zbiorze legend łacińskiego pisarza Apulejusza (ok. 125-170), wykazuje wiele podobieństw do późniejszej opowieści. Historia Apulejusza opowiada o pięknej, młodej kobiecie imieniem Psyche, która ma dwie zazdrosne, zdradliwe starsze siostry i zostaje skazana przez Wenus na małżeństwo z ohydnym potworem. Los ten zostaje jej jednak oszczędzony przez Kupidyna, boga miłości, który zakochuje się w niej i poślubia ją.

Opowieść Leprince de Beaumont różni się od tych dwóch wcześniejszych wersji tym, że ma wyraźny cel edukacyjny. Po każdej opowieści w *Le Magasin des enfants* następuje dialog między *guwernantką* a jej podopiecznymi, którzy mogą następnie wyciągnąć z niej morał. Z *Pięknej i Bestii,* opowiadającej o spotkaniu młodej kobiety z ohydnym stworzeniem, dowiadujemy się, że nie należy oceniać ludzi po pozorach, a miłość ma moc ich przemiany.

PODSUMOWANIE

Piękna i Bestia opowiada historię bogatego kupca, który ma trzech synów i trzy córki, z których najmłodsza jest szczególnie atrakcyjna. Zawsze nazywano ją "małą Piękną", a oprócz tego, że jest najpiękniejszą dziewczyną w rodzinie, jest też "lepsza od swoich sióstr", ponieważ wolny czas spędza na czytaniu, podczas gdy jej dwie siostry są wyjątkowo dumne i będą mieszać się tylko z książętami i hrabiami.

Pewnego dnia kupiec nagle traci cały swój majątek, co zmusza rodzinę do przeniesienia się na wieś. Starsze siostry są zrozpaczone, gdyż ich nowe ubóstwo sprawia, że żaden mężczyzna nie chce ich poślubić. Natomiast Piękna jest równie biedna jak one, ale przyciąga wielu zalotników, którzy proszą ją o rękę. Nie chce opuścić ojca, który ciężko pracuje na utrzymanie rodziny. Każdego dnia sprząta dom i przygotowuje posiłki, podczas gdy jej ojciec i bracia pracują w polu. Tymczasem jej siostry spędzają czas na nicnierobieniu i narzekaniu na swoje nowe życie.

Rok później kupiec dowiaduje się, że do portu zawinął właśnie statek załadowany towarami i planuje udać się tam po zapasy. Jego dwie starsze córki proszą go o przywiezienie sukni i kosmetyków, a Piękna nie prosi o nic więcej niż o różę. Niestety, towary zostają skonfiskowane, aby mógł spłacić swoje długi, przez co zostaje "tak samo biedny jak wcześniej".

W drodze powrotnej gubi się w lesie. Zapada noc, pozostawiając go zimnym, głodnym i na skraju rozpaczy. Zostaje uratowany, gdy widzi światło dochodzące z ogromnego pałacu. Wchodzi do środka, gdzie znajduje ogień i stół pełen jedzenia, ale nie ma ludzi. Nie mogąc znaleźć właściciela pałacu, zjada jedzenie, a po przejściu dookoła i nie znalezieniu nikogo, idzie spać.

Następnego ranka, gdy się budzi, znajduje czyste ubrania i jedzenie czekające na niego. Kiedy wyrusza do domu, widzi róże i wybiera niektóre z nich, aby dać Pięknej. W tym momencie pojawia się ohydny potwór i piętnuje go za niewdzięczność: kupiec został przyjęty do zamku Bestii, który dał mu jedzenie i miejsce do spania, ale potem odpłacił się za tę dobroć, kradnąc jego róże. Bestia mówi, że musi zapłacić za to swoim życiem.

Kupiec błaga Bestię, by go oszczędził i próbuje wyjaśnić, że zerwał róże dla swojej córki, co inspiruje Bestię do złożenia mu oferty: może wrócić do domu, jeśli przyprowadzi do pałacu jedną ze swoich córek, która zostanie zabita w jego miejsce. Jeśli "odmówią śmierci w [jego] zastępstwie", musi wrócić za trzy miesiące, aby zmierzyć się ze swoją karą.

Stary człowiek nie ma zamiaru poświęcać swoich córek, więc wraca do domu, aby się z nimi pożegnać i łzawo opowiada im, co się stało. Piękna natychmiast oferuje poświęcić się, gdyż woli być pożarta przez potwora niż stracić ojca i umrzeć powoli z żalu. Jest tak uparta, że kupiec w końcu zgadza się, by zajęła jego miejsce.

Po przybyciu do pałacu Bestii, Piękna i jej ojciec zostają poczęstowani pysznym posiłkiem przed pójściem do łóżka. Do Pięknej przychodzi we śnie kobieta, gratuluje jej uratowania ojca i mówi jej, że zostanie nagrodzona. Następnego dnia kupiec opuszcza pałac z ciężkim sercem, a Piękna postanawia jak najlepiej wykorzystać ograniczony czas, który jej pozostał, aby zbadać swoje otoczenie.

Ku swojemu zaskoczeniu natrafia na drzwi z napisem "Apartament Pięknej". Otwiera je i odkrywa ogromną bibliotekę z klawesynem, jej ulubionym instrumentem. Kiedy otwiera jedną z książek, widzi wiadomość:

> *"Witaj, Piękna, wygnaj strach,*
>
> *Jesteś tu królową i panią;*
>
> *Wypowiedz swoje życzenia, wypowiedz swoją wolę,*
>
> *Szybkie posłuszeństwo odpowie im wciąż".*

Natychmiast myśli o swoim ojcu i nagle w wielkim lustrze widzi swój dom i rodzinę. Podczas gdy kupiec wydaje się przygnębiony, jej dwie siostry z trudem ukrywają radość z pozbycia się jej. W południe słyszy muzykę graną przez niewidzialną orkiestrę.

Kiedy je tego wieczoru, potwór pojawia się i mówi jej, że jest teraz panią pałacu, zanim zapyta ją: "powiedz mi, czy nie uważasz mnie za bardzo brzydkiego?". Piękna nie potrafi kłamać i przyznaje, że jest brzydki, ale na pocieszenie mówi mu, że jest "bardzo dobroduszny". Uspokaja ją dobroć Bestii i je serdecznie. Prawie przestała się bać, ale kiedy Bestia prosi ją o rękę, odmawia i nie może powstrzymać drżenia.

Mijają trzy miesiące. Każdej nocy Bestia przychodzi do Pięknej, gdy ta je i prosi ją o ponowne małżeństwo. Choć boli ją, że chce go zranić, za każdym razem mówi "nie". Stopniowo przyzwyczaja się do jego brzydoty i zaczyna czuć do niego szczerą przyjaźń.

Pewnego dnia Bestia prosi Piękną, by obiecała, że nigdy go nie opuści, ale właśnie zobaczywszy w zaczarowanym lustrze, że jej ojciec jest poważnie chory, przyznaje mu, że umrze z żalu, jeśli nie zobaczy go ponownie. On zgadza się pozwolić jej odejść, i mówi jej, że wszystko, co musi zrobić, to umieścić jej magiczny pierścień na jej szafce nocnej przed pójściem spać, a ona obudzi się, gdziekolwiek chce. Obiecuje jej, że obudzi się w domu następnego dnia rano, a wdzięczna Piękna zapewnia go, że będzie z powrotem osiem dni później.

Następnego dnia Piękna budzi się w domu. Jej ojciec jest zachwycony, gdy ją widzi, ale jej siostry kipią z zazdrości, gdy widzą, że wydaje się szczęśliwa i jest ubrana jak księżniczka. Postanawiają upewnić się, że pozostanie w domu przez więcej niż osiem dni, w nadziei, że Bestia będzie wściekły na nią za złamanie obietnicy i pożre ją. Udają, że są zdenerwowane, że ich siostra wychodzi tak szybko i błagają ją, aby pozostała na dłużej. Piękna jest wzruszona i zgadza się. Dziesiątej nocy ma sen, w którym Bestia umiera w ogrodzie swojego pałacu. Żałuje, że go opuściła i zdając sobie sprawę, że jego brzydota blednie w porównaniu z jego dobrocią i życzliwością, postanawia go poślubić.

Kładzie więc pierścień na szafce nocnej i następnego dnia budzi się w pałacu Bestii. Po bezskutecznych poszukiwaniach przypomina sobie swój sen i wybiega do ogrodu, gdzie znajduje go "rozciągniętego, całkiem bez sensu". Na początku myśli, że jest martwy i pogrąża się w rozpaczy, ale w końcu udaje jej się go ożywić. Bestia mówi jej, że jej nieobecność tak bardzo go bolała, że postanowił dać się zagłodzić na śmierć. Piękna następnie mówi mu, że chce go poślubić, a zamek natychmiast świeci i przystojny książę pojawia się u jej stóp.

Właśnie złamała klątwę, którą "zła wróżka" rzuciła na mło-
dzieńca, skazując go na przyjęcie postaci potwora, dopóki
"piękna dziewica" nie zgodzi się go poślubić.

Razem wracają do pałacu, gdzie czeka na nich cała rodzina
Pięknej. Kobieta, która przyszła do niej we śnie podczas jej
pierwszej nocy w zamku, a która okazuje się być dobrą
wróżką, mówi jej, że za poświęcenie, które złożyła dla ojca,
zostanie nagrodzona zostając "wielką królową".

Wróżka rzuca następnie zaklęcie na siostry Pięknej, które
zamienia je w posągi. Jednak nadal są świadome wszystkiego, co dzieje się wokół nich, więc są one zmuszone do
stania przy bramie pałacu i "patrzenia na jej szczęście".
Wróżka mówi im, że zaklęcie zostanie przerwane, jeśli "uznają
swoje wady" i naprawią swoje "złośliwe i zawistne umysły".

Po tych słowach wszyscy obecni zostają przeniesieni do królestwa księcia, gdzie Piękna i Bestia biorą ślub. Mówi się nam,
że żyli razem przez wiele lat i że "ich szczęście, jako że było
oparte na cnocie, było pełne".

STUDIUM POSTACI

PIĘKNA

Piękna to niezwykle atrakcyjna młoda kobieta, która swój przydomek zawdzięcza wyglądowi, ale jest też inteligentna i ukulturalniona (jej ulubionymi zajęciami są czytanie i gra na klawesynie). Jest uosobieniem cnoty, gdyż jest miła, sympatyczna, uczynna i skromna. Jej uczciwości dorównuje jedynie pobożność i hojność.

Jest wyjątkowo miła i współczująca: kiedy jej ojciec traci majątek, nie narzeka i z radością jedzie za nim na wieś. Ciężko pracuje i odważnie bierze na swoje barki ciężar prac domowych, by pomóc rodzinie. Bez wahania zgadza się poświęcić dla ojca, a nawet pociesza go, gdy ten rozpacza nad losem, który ją czeka, zachowując dzielną twarz, by nie zadawać mu więcej cierpienia.

Jest życzliwa i tolerancyjna wobec swoich sióstr, mimo że te ciągle ją krytykują i wyśmiewają. Pragnie dla nich tylko szczęścia: prosi ojca, by znalazł dla nich mężów, chce im podarować suknie, które przyniosła z pałacu Bestii.

Wreszcie, mimo że Bestia jest fizycznie odpychający i przeraża ją, jest wobec niego współczująca i wyrozumiała, a w miarę poznawania go coraz bardziej go lubi. Gdy uświadamia sobie jego wrodzoną dobroć, zgadza się go poślubić.

To kolejny dowód na jej cnotę, ponieważ nie ocenia ludzi na podstawie wyglądu, zamiast tego szukając ich prawdziwego wewnętrznego piękna. Oznacza to, że jej przeznaczeniem jest zostać wielką królową.

BESTIA

Bestia to tak naprawdę książę, który został przeklęty przez "złą wróżkę"; oznaczało to, że przyjął postać potwora do czasu, aż znajdzie "piękną dziewicę" do poślubienia. Zadanie to jest podwójnie trudne: nie dość, że jego wygląd jest odpychający, to jeszcze nie wolno mu pokazać, że potrafi prowadzić inteligentną rozmowę.

Pomimo niesprawiedliwości swojego losu, który pozostawił go brzydkim i przerażającym, nadal jest życzliwy i hojny: kiedy Piękna wprowadza się do pałacu, robi wszystko, co w jego mocy, aby ją uszczęśliwić. Kiedy mówi mu, że chce wyjechać do ojca, pozwala jej odejść, choć wie, że to może doprowadzić do jego własnej śmierci. Kocha ją tak bardzo, że jest gotów poświęcić siebie.

Na koniec swojej historii, jego cierpliwość i samozaparcie są nagradzane, gdy jego klątwa zostaje zniesiona, a on zamienia się z powrotem w przystojnego księcia, którym kiedyś był, jest zwracany do swojego królestwa i znajduje trwałe szczęście w swym małżeństwie z Piękną.

SIOSTRY PIĘKNEJ

Dwie starsze siostry Pięknej są obie bardzo piękne, ale nie tak piękne jak ona, co budzi w nich wielką niechęć.

Są dumne, chciwe i powierzchowne, nie dbają o nic poza swoim wyglądem i pozycją społeczną, do tego stopnia, że nie chcą się zadawać z nikim, kto nie pochodzi z arystokratycznego środowiska. Początkowo odmawiają przeprowadzki na wieś, gdy ich ojciec traci majątek, ale gdy cała rodzina jest zmuszona do zmiany miejsca zamieszkania, zostawiają młodszą siostrę, by sama wykonywała wszystkie prace domowe.

Są tak egocentryczne i pozbawione empatii, że nie litują się nad ojcem, gdy ten traci majątek lub gdy wraca z zamku Bestii z wiszącym nad nim wyrokiem śmierci. Są zazdrosne o siostrę, nieustannie ją krytykują i wyśmiewają, cieszą się, gdy idzie ona zamieszkać z Bestią i ekscytują się perspektywą jej pożarcia przez niego.

Ich niegodziwość zostaje ukarana przez wróżkę, która zamienia je w posągi i mówi im, że "nawrócenie złośliwego i zawistnego umysłu" jest jedynym sposobem na uniknięcie tego losu. Wątpi jednak w ich zdolność do przemiany, mówiąc im: "Bardzo się boję, że na zawsze pozostaniecie posągami".

OJCIEC PIĘKNEJ

Jest dobrym, kochającym człowiekiem, który jest gotów zrobić wszystko dla szóstki swoich dzieci: zapewnił im dobre wykształcenie i ciężko pracuje, aby je utrzymać.

Na początku opowieści jest bogatym kupcem, ale po utracie fortuny zwraca się do pracy na roli, aby zarobić na życie.

Jest skromny i tolerancyjny, podziwia cnotę najmłodszej córki, akceptując jednocześnie wady starszych. Kiedy Piękna proponuje mu poświęcenie się dla niego, robi wszystko, by ją od tego odwieść, ale jego wysiłki idą na marne. Jej odejście pozostawia go w rozpaczy, a on sam tak bardzo tęskni za córką, że popada w chorobę. Jest starszy i słaby, dlatego Piękna robi wszystko, by go oszczędzić.

Ma też trzech synów, ale są oni praktycznie nieobecni w tej historii.

ANALIZA

BAJKI

Bajki wywodzą się z tradycji ustnej i opowiadają wymyślone historie z fikcyjnymi postaciami. Bohaterowie tych opowieści wyruszają na wyprawę i muszą pokonać szereg przeszkód, zanim odnajdą szczęście. Większość bajek ma morał, który często pojawia się na końcu opowiadania.

Celem Pięknej jest znalezienie miłości i szczęścia, natomiast zadaniem Bestii jest znalezienie kobiety, która zechce się z nim ożenić i będzie go kochać pomimo jego wyglądu. Zadanie to, narzucone mu przez złą wróżkę, wypełnia na końcu opowieści.

Struktura narracyjna

Piękna i Bestia podąża za klasyczną strukturą bajki.

Sytuacja początkowa: to początek opowiadania, czas na ustawienie sceny i wprowadzenie bohaterów; sytuacja jest zrównoważona, co oznacza, że nie ma powodu, by się zmieniała.

- Bogaty kupiec wiedzie spokojne życie z trzema synami i trzema córkami.

Element zakłócający: jest to wydarzenie, które ma miejsce, zmieniając sytuację wyjściową i uruchamiając prawdziwą historię.

- Kupiec traci swój majątek i jest zmuszony przenieść się wraz z dziećmi na wieś.

Rozwój: są to wydarzenia wywołane przez element zakłócający, które skłaniają bohatera do podjęcia działań w celu rozwiązania problemu.

- Kupiec spotyka Bestię, który mówi, że pozwoli mu żyć, jeśli ofiaruje mu jedną ze swoich córek. Piękna wprowadza się do pałacu Bestii, gdzie stopniowo zbliżają się do siebie i stają się przyjaciółmi. Następnie Piękna staje się zaniepokojona o jej ojca i postanawia wrócić do domu, co pogrąża Bestię w rozpaczy. Zazdrość jej sióstr uniemożliwia jej powrót do pałacu w zaplanowanym czasie, a Bestia prawie umiera z żalu. Piękna żałuje, że go opuściła i wraca do pałacu.

Wynik: kończy rozwój wydarzeń i prowadzi do konkluzji.

- Piękna mówi Bestii, że wyjdzie za niego za mąż, a on zamienia się w księcia.

Wniosek: jest to koniec historii. Sytuacja jest znowu stabilna, jak sytuacja wyjściowa, ale uległa pewnym zmianom.

- Piękna i Bestia biorą ślub i żyją długo i szczęśliwie, podczas gdy jej siostry zostają ukarane przez bycie zamienionym w posągi.

MAGICZNY ŚWIAT

Jak we wszystkich bajkach, tak i w *Pięknej i Bestii* magia odgrywa dużą rolę:

- **W opowieści pojawiają się fantastyczne postacie.** Postać złej wróżki, która rzuciła klątwę na księcia, jest typowa dla tego gatunku, podobnie jak dobra wróżka, która przychodzi do Pięknej we śnie, a następnie nagradza ją za cnotę, karze jej dwie siostry i przenosi wszystkich do królestwa księcia, wykonując "pociągnięcie różdżką".

- **Znajdują się w niej magiczne przedmioty,** takie jak pierścień, który Bestia daje Pięknej, a który przenosi ją z pałacu do domu jej ojca, czy lustro, które pozwala jej zobaczyć rodzinę, gdy jest w pałacu Bestii.

- **Przedstawia przemiany, a** mianowicie przemianę Bestii w księcia oraz przemianę sióstr Pięknej w posągi na końcu opowieści.

UPROSZCZONY POGLĄD NA ŚWIAT

Piękna i Bestia jest typowa dla gatunku bajki również pod tym względem, że przedstawia świat w czarno-białych barwach, a jej bohaterów łatwo podzielić na kategorie dobra i zła.

Piękna, jej ojciec i Bestia są dobrzy, podczas gdy jej siostry są całkowicie złe. "Zła wróżka", która nie pojawia się osobiście w opowieści, może być również sklasyfikowana jako czarny charakter z powodu klątwy, którą wcześniej rzuciła na Bestię.

Złe postacie stają na drodze dobrych bohaterów, którzy próbują wykonać swoje zadania. Na przykład siostry Pięknej odmawiają zaakceptowania nowego życia ojca, nie pomagają w gospodarstwie ani w domu, krytykują Piękną, która jest zmuszona "pracować jako służąca", i naciskają na ojca, by wydał swoje skromne dochody na "nowe suknie, czapki, pierścienie i wszelkie drobiazgi".

Następnie manipulują swoją młodszą siostrą, aby złamała obietnicę daną Bestii w nadziei, że zabije ją w ramach kary: "postarajmy się przetrzymać ją powyżej tygodnia, a być może głupi potwór będzie tak rozwścieczony na nią za złamanie słowa, że ją pożre".

I odwrotnie, wrodzona dobroć cnotliwych bohaterów okazuje się nieprzekupna:

- nawet jeśli jej siostry są okrutne i manipulują, Piękna nadal traktuje je z życzliwością;

- serce Bestii pozostaje czyste pomimo jego przemiany i nieszczęścia, które go spotyka.

Natomiast siostry Pięknej są tak dogłębnie złe, że nie są w stanie się zmienić. Rzeczywiście, wróżka, która przekształca je w posągi, wyraża wątpliwości, czy są one w stanie zasłużyć na odkupienie: "nawrócenie złośliwego i zawistnego umysłu jest rodzajem cudu".

Chociaż Bestia jest ogólnie dobrą postacią, jest bardziej zniuansowany niż reszta bohaterów opowieści. Najbardziej widoczne jest to na początku opowieści, kiedy gwałtownie przesadza i wpada w szał po tym, jak przyłapuje kupca na zrywaniu kwiatów. W istocie skazuje go na śmierć za zerwanie kilku róż, mimo że właśnie wspaniałomyślnie zaoferował mu jedzenie i miejsce do spania.

Bestia z pewnością wydaje się okrutny, kiedy spotykamy go po raz pierwszy, ponieważ żąda, by kupiec poświęcił swoją córkę, ale w rzeczywistości nie ma zamiaru zabić dziewczyny; chce jedynie złamać klątwę, która została na niego nałożona. Mimo to, jego niewytłumaczalny wybuch gniewu łagodzi jego zasadniczą dobroć i sugeruje, że istnieje inna, ciemniejsza strona jego osobowości.

CNOTA JEST NAGRADZANA

Podstawowym morałem tej opowieści jest to, że nie powinniśmy oceniać na podstawie pozorów, ale uczy nas również, że cnotliwe czyny zostaną nagrodzone. Ilustruje to kontrastujący los Pięknej i jej sióstr: jej siostry, które uosabiają wady, zostają ukarane, natomiast Piękna, która jest cnotliwa, zostaje nagrodzona szczęściem.

Upadek sióstr

Siostry Pięknej mają wiele wad:

- **Są zazdrosne i egoistyczne.** W początkowych wersach opowieści dowiadujemy się, że wyjątkowa uroda bohaterki "sprawiła, że jej siostry były bardzo zazdrosne". Później, kiedy Piękna wraca z pałacu Bestii i słyszą, jak bardzo jest szczęśliwa, zamiast cieszyć się, że żyje i że się z nią połączyły, dwie siostry są "chore z zazdrości" i zadają sobie pytanie: "W czym ta mała istota jest lepsza od nas, że powinna być tak bardzo szczęśliwa?".

- **Są próżne, powierzchowne i chciwe.** Mają "wiele dumy, bo [są] bogate", "[dają] sobie śmieszne powietrze" i nie chcą "odwiedzać innych córek kupców, ani dotrzymywać towarzystwa nikomu poza osobami z wyższych sfer [czyli szlachta lub inne bogate jednostki]". Wydają fortunę na ubrania i kosmetyki, czerpią przyjemność z frywolnych działań i wyśmiewają się z Pięknej za spędzanie "największej części jej czasu na czytaniu dobrych książek".

- **Są leniwe.** Podczas gdy ich ojciec i bracia pracują w polu, a Piękna zajmuje się gotowaniem i sprzątaniem, dwie siostry "[wstają] o dziesiątej i nie robią nic innego, jak tylko przechadzają się przez cały dzień, ubolewając nad utratą swoich pięknych ubrań i znajomości".

- **Są złośliwe.** Są wypełnione "złośliwością" i nigdy nie przegapią okazji, aby skrytykować swoją siostrę, "[obrażając] ją w każdej chwili". Są szczęśliwe, gdy myślą, że Piękna umrze ("ich radość, odczuwana z powodu pozbycia się siostry, była widoczna w każdym elemencie"), a nawet posuwają się do tego, że tworzą spisek, aby Bestia ją pożarł.

Te wady skazują je na wieczne nieszczęście. Kiedy ich ojciec traci majątek, fakt, że są "nieżyczliwe z powodu swojej dumy" sprawia, że nikt się nad nimi nie lituje i zostają same: "kochankowie je zlekceważyli i opuścili w ich biedzie".

Kiedy Piękna wraca z pałacu Bestii, znajduje je obie głęboko nieszczęśliwe, ponieważ zawarły złe małżeństwa: jedna wyszła za mąż za mężczyznę, który jest przystojny, "ale tak lubi swoją osobę, że [jest] pełen jedynie swego własnego drogie siebie", podczas gdy drugi mąż używa swego dowcipu "do dręczenia każdego ciała, a swojej żony najbardziej".

Na końcu opowieści wróżka karze siostry za ich złośliwość i złe zachowanie zamieniając je w posągi. Uniemożliwia im to wyrządzanie dalszych krzywd i zmusza do bycia świadkami szczęścia swojej siostry.

Szczęście Pięknej

Natomiast Piękna jest w pełni cnotliwa:

- **Jest hojna i bezinteresowna.** Jest bardzo empatyczna, bardzo troszczy się o innych ludzi i ich szczęście, "[mówi] tak życzliwie do biednych ludzi". Troszczy się o resztę rodziny, zwłaszcza o ojca, i nie waha się poświęcić własnego dobrobytu dla sióstr. Posuwa się nawet do tego, że oddaje swoje życie Bestii, aby uratować ojca.

- **Jest skromna i odważna.** Kiedy dowiaduje się, że jej ojciec jest zrujnowany, przyjmuje postawę filozoficzną, mówiąc sobie: "Muszę spróbować uszczęśliwić się bez majątku". O jej odwadze świadczy także decyzja o udaniu się do pałacu Bestii, a następnie spokój i mądrość, z jaką stawia czoło swemu losowi: nawet gdy myśli, że Bestia pożre ją tej nocy, "postanawia nie niepokoić się przez ten krótki czas, jaki ma do przeżycia".

- **Jest tolerancyjna i wyrozumiała.** Nie chowa w sobie goryczy ani urazy, szybko wybacza siostrom ich złośliwe zachowanie i chce im podarować piękne suknie, które podarowała jej Bestia. Udaje jej się również spojrzeć poza odpychający wygląd Bestii, na jego wewnętrzne piękno.

Podróż Pięknej jest dokładnym przeciwieństwem podróży jej sióstr, ponieważ ostatecznie zostaje nagrodzona za swoje cnotliwe działania i wrodzoną dobroć. Ponadto, w przeciwieństwie do nich, ruina ojca nie ma wpływu na jej pozycję społeczną, gdyż nadal jest szanowana i kochana, a "kilku dżentelmenów by ją poślubiło". Po przeprowadzce rodziny na wieś, znajduje spełnienie w pracy i w sztuce. Później odnajduje szczęście, a następnie miłość z Bestią, a na końcu opowieści wychodzi za mąż, zostaje królową i żyje długo i szczęśliwie.

Jej szczęście jest możliwe dzięki cnocie, o czym mówi jej wróżka, która przychodzi do niej we śnie w nocy, kiedy zgadza się zamieszkać w pałacu Bestii: "ten twój dobry czyn, polegający na oddaniu własnego życia dla ratowania życia ojca, nie pozostanie bez nagrody".

Losy Pięknej dostarczają jednego z morałów opowieści: cnota jest zawsze nagradzana, natomiast wada prowadzi do nieszczęścia.

BESTIA: POTWÓR I DŻENTELMEN

Postać Bestii uosabia jeden z morałów tej opowieści: nie powinniśmy oceniać na podstawie pozorów. Jego potworna fasada skrywa uroczego księcia, który został przemieniony przez złą wróżkę. Ta przemiana nadała mu podwójną osobowość, gdyż ma zarówno zwierzęcą, jak i ludzką stronę.

Jego potworna strona

Bestia jest opisany jako "potwór" i jako "tak straszna bestia", że ojciec Pięknej jest "gotowy zemdleć", gdy go widzi. Kiedy Piękna spotyka go po raz pierwszy, "drży" i jest "przerażona jego straszną postacią". Mówi "strasznym głosem" i wydaje się bardzo silny i imponujący: Ojciec Pięknej mówi do swoich synów, że "siła Bestii jest tak wielka, że nie mam nadziei, że go pokonacie". Jego zwierzęca strona również wysuwa się na pierwszy plan, kiedy przyłapuje ojca Pięknej na zrywaniu róż, jak gwałtownie mu grozi i przygotowuje się do zabicia go: "umrzesz za to; daję ci tylko kwadrans na przygotowanie się i odmówienie modlitw". Ojciec Pięknej przeżywa tylko dlatego, że opowiada Bestii o swoich córkach, co inspiruje go do darowania mężczyźnie jego życia w zamian za jedną z nich.

Jego ludzka strona

W rzeczywistości istota, którą ojciec Pięknej widzi jako "brzydkiego potwora" na początku opowieści, jest księciem o czystym sercu.

Człowieczeństwo Bestii, które kontrastuje z jego wyglądem, widać w jego traktowaniu Pięknej i inspiruje ją do powiedzenia: "'po tysiąckroć szkoda, że coś tak dobrodusznego mogło być tak brzydkie". Rozbieżność między jego wyglądem a jego prawdziwą naturą pozostawiła go w izolacji, ale mimo to zachowuje się jak doskonały dżentelmen: mówi elokwentnie, jest niezawodnie uprzejmy (nie tylko dla Pięknej, ale także dla jej ojca, zanim zbierze swoje róże), jest skromny i pełen szacunku. Chociaż pozostaje zasmucony i rozczarowany odmową poślubienia go przez Piękną, przyjmuje jej decyzję spokojnie i z szacunkiem.

Kiedy Piękna mówi mu, jak bardzo jest przygnębiona, że jej ojciec jest sam i chory, pokazuje swoją empatyczną stronę, pozwalając jej wrócić do niego. Następnie udowadnia siłę i czystość swojej miłości, gdy ona nie wraca: jest "tak strapiony, że stracił [ją], że [postanawia] głodować [sam]".

Biorąc pod uwagę cierpliwość, pokorę i dobroć, które demonstruje w innych miejscach opowieści, jego gwałtowna reakcja na "niewdzięczne" zachowanie ojca Pięknej budzi wątpliwości. Sugeruje, że teraz, kiedy książę stał się bestią i został osłabiony przez swoją samotność i nieszczęśliwy los, pozwolił, by jego zwierzęca natura wzięła nad nim górę. Ten epizod, który prowadzi bezpośrednio do wydarzeń w dalszej części opowieści, czyni jego postać nieprzewidywalną i niemożliwą do określenia.

Natura ludzka

W szerszym ujęciu kwestia granicy między człowieczeństwem a zwierzęcością wykorzystywana jest do badania złożoności, wielowymiarowości i "nieludzkości" ludzkości. Piękna mówi: "Wśród ludzkości [...] jest wielu, którzy bardziej zasługują na to miano [potwora] niż ty, i wolę cię takiego, jakim jesteś, niż tych, którzy pod ludzką postacią kryją zdradzieckie, zepsute i niewdzięczne serce". Poza kwestią kontrastu między pozorami a wewnętrzną rzeczywistością, opowieść pokazuje, że potwór drzemie w każdym z nas. Ambiwalentna, quasi-animalistyczna natura tego dżentelmeńskiego potwora odzwierciedla zatem ciemną stronę ludzkiej natury i czyni *Piękną i Bestię* opowieścią uniwersalną.

DALSZA REFLEKSJA

KILKA PYTAŃ DO PRZEMYŚLENIA...

- Jaki morał lub morały niesie ta opowieść? Uzasadnij swoją odpowiedź.

- Słowo "wróżka" pochodzi od łacińskiego *fatum*, czyli "los". W jaki sposób dwie wróżki w baśni są związane z losem?

- W jakich aspektach ta opowieść wykazuje cechy literatury fantastycznej?

- W książce *The Uses of Enchantment: The Meaning and Importance of Fairy Tales* (1976), urodzony w Austrii amerykański psychiatra Bruno Bettelheim (1903-1990) twierdzi, że Piękna jest częściowo motywowana przez edypalny konflikt wewnętrzny. W jaki sposób relacje Pięknej z jej ojcem i Bestią mogą uzasadniać tę interpretację?

- Porównaj wersję Leprince de Beaumont z animowaną wersją Disneya z 1991 roku i aktorską adaptacją Disneya z 2017 roku.

- W jakich aspektach baśń opowiada się za cnotą?

- W jaki sposób Leprince de Beaumont przedstawia niebezpieczeństwa związane z wadami?

- Porównaj *Piękną i Bestię* z *Kopciuszkiem*. Jakie motywy są obecne w obu bajkach?

- Istnieje wiele różnych wersji *Pięknej i Bestii*. Jakie są podobieństwa i różnice między nimi?

- Dlaczego istnieje wiele różnych wersji tej opowieści?

DALSZE CZYTANIE

WYDANIE REFERENCYJNE

Leprince de Beaumont, J-M. (2014) *Piękna i Bestia*. [Online]. Urbana: Project Gutenberg. [Dostęp 15 maja 2018]. Dostępny w: <http://www.gutenberg.org/files/7074/7074-h/7074-h.htm>.

BADANIA REFERENCYJNE

Apuleuis. (2008) *Cupid and Psyche*. Cambridge: Cambridge University Press.

Bettelheim, B. (2010) *The Uses of Enchantment: The Meaning and Importance of Fairy Tales*. New York: Vintage.

ADAPTACJE

Piękna i Bestia. (1946) [Film]. Jean Cocteau. Reż. Francja: DisCina.

Piękna i Bestia (Beauty and the Beast) (1991) [Film]. Gary Trousdale i Kirk Wise. Reż. USA: Walt Disney Pictures.

Piękna i Bestia (Beauty and the Beast) (2017) [Film]. Bill Condon. Reż. USA: Mandeville Films, Walt Disney Pictures.

Chcemy usłyszeć od Ciebie, co się dzieje!
Zostaw komentarz na temat swojej internetowej biblioteki
i podziel się swoimi ulubionymi książkami w mediach społecznościowych!

Dlaczego warto wybrać Must Read?

Dowiedz się wszystkiego, co musisz wiedzieć o książce dzięki naszym zwięzłym i dogłębnym streszczeniom i analizom!

Odkryj to, co najlepsze w literaturze w zupełnie nowym świetle!

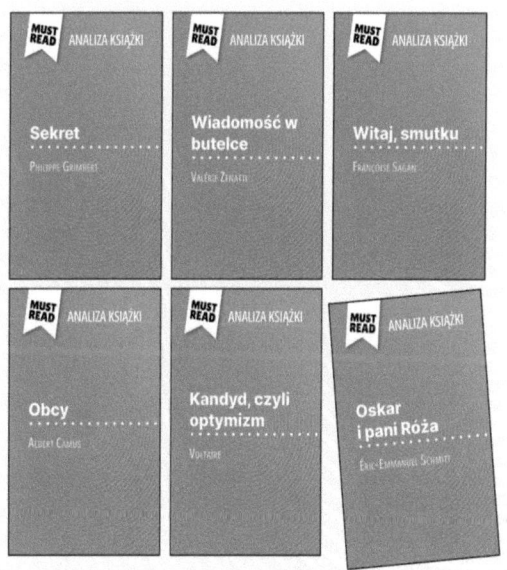

www.50minutes.com

Master ISBN: 9782808695046
Papierowy ISBN: 9782808616447
Depozyt prawny: D/2023/12603/1924

Verhaal: © Primento

Projekt cyfrowy: Primento, cyfrowy partner wydawców.